E-CLIP ⑦

감성적 창의 주도성 향상 프로그램

창의성을 계발하자

IQI

E-CLIP ⑦

감성적 창의 주도성 향상 프로그램

창의성을
계발하자

초판 1쇄 인쇄 2022년 8월 8일
초판 1쇄 발행 2022년 8월 8일

지은이 송인섭
펴낸이 김선식

경영총괄 김은영
책임편집 박슬기 **디자인** 차다운 **책임마케터** 이석원
연구개발팀장 김재민 **연구개발팀** 박슬기, 차다운, 장민지, 조아리
콘텐트리팀 김길한, 임인선, 이석원, 윤기현
저작권팀 한승빈, 김재원, 이슬
재무관리팀 하미선, 윤이경, 김재경, 오지영, 안혜선
인사총무팀 김혜진, 황호준
제작관리팀 박상민, 최완규, 이지우, 김소영, 김진경, 양지환
물류관리팀 김형기, 김선진, 한유현, 민주홍, 전태환, 전태연, 양문현, 최창우

펴낸곳 다산북스 **출판등록** 2005년 12월 23일 제313-2005-00277호
주소 경기도 파주시 회동길 490
전화 02-704-1724 **팩스** 02-703-2219 **이메일** dasanbooks@dasanbooks.com
홈페이지 www.dasanbooks.com **블로그** blog.naver.com/dasan_books
다산전인교육캠퍼스 www.dasaneducation.co.kr
종이 IPP **인쇄** 민언프린텍 **제본** 국일문화사

ISBN 979-11-306-9114-5 (64370)
　　　979-11-306-9107-7 (세트)

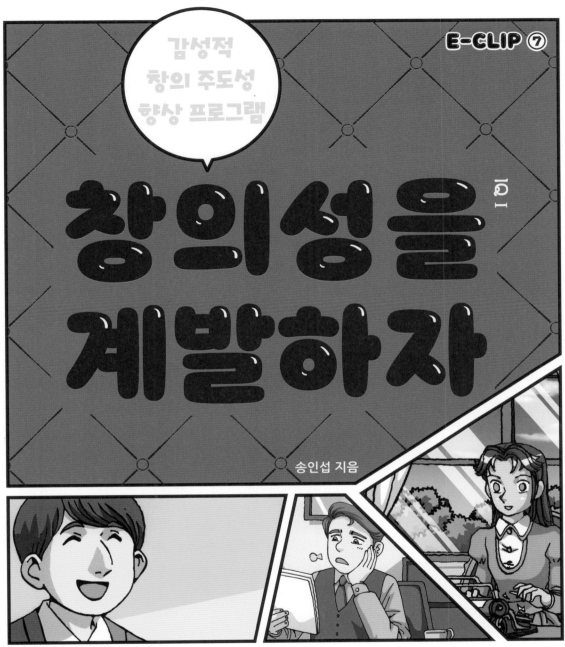

AI 시대 자기주도학습 세계적 권위자 **송인섭 교수**의 **20년 연구** 완결판!

다산스마트에듀

1. 송인섭 교수

　세계적인 자기주도학습법 권위자인 송인섭 교수는 숙명여대에서 35년 간 교수로 재직했으며, 현재 동 대학교 명예교수이자 다산전인교육캠퍼스 원장을 맡고 있습니다. 또한 한국교육심리연구회 회장, 한국교육평가학회 회장, 한국영재연구원 원장과 AERA(American Educational Research Association)에서 발행하는 학술지의 논문심사위원을 역임했으며, 70여 권의 교육 저서를 집필했습니다.

　송인섭 교수는 주입식 교육이 일반적이었던 한국 교육에 자기주도학습이라는 개념을 최초로 도입해 확산하였으며, EBS〈교육실험 프로젝트 - 스스로 공부하는 아이 만들기〉,〈공부의 왕도〉,〈교육 마당〉 등에 출연하여 자기주도학습의 효과를 입증하였습니다. 그리고 이 내용을 담은《공부는 전략이다》는 부모 및 교육 관계자들에게 수십만 부 이상 판매되며, 교육계에 새로운 패러다임을 가져왔습니다. 이 후로도 20여 년간《공부는 실천이다》,《와일드》,《혼공의 힘》등 교육 분야의 도서를 출간하고 자기주도학습 강연을 하며 한국 교육을 이끌고 있습니다.

　또한 송인섭 교수는 다양한 학습 프로젝트를 수행하며 수십만 명이 넘는 학생과 학부모, 교사를 만나 자기주도적 공부 전략을 소개하고 상담했습니다. 이 과정에서 많은 아이가 공부에 실패를 겪고 상처 받는다는 공통점을 발견하였습니다. 아이들은 자신에게 맞는 공부법만 찾으면 충분히 극복할 수 있는 문제임에도 해결 방법을 몰라 고민하고 있었습니다. 이들을 위해 송인섭 교수는 수십만 건의 실제 학습 문제 상황을 수집하고 연구하였습니다. 그 결과 자기주도학습을 바탕으로 각자의 상황에 맞춰 공부하는 힘을 기르는 새로운 학습 프로그램인《E-CLIP》을 개발하였고, 이 프로그램을 여러 심리 센터에 적용해 높은 성과를 얻고 있습니다.

'**E-CLIP**(Emotional Creative Leadership Improvement Program)'은 실제 교육 현장에서 총 8,950명의 학습자를 대상으로 20년 동안 관찰과 실험, 상담을 통해 얻은 빅데이터로 개발한 '감성적 창의 주도성 향상 프로그램'입니다. 프로그램 연구와 개발에는 자기주도학습법 권위자 송인섭 교수와 다수의 교육심리학 전문 연구진이 참여했습니다.

2. 심리 검사 및 교재 연구

전문 연구 위원(가나다순)

- 김수란 우석대 교수
- 김희정 대구대 교수
- 성소연 호서대 교수
- 이희연 한국교육개발원 책임
- 정유선 아주대 교수
- 최지혜 을지대 교수

- 김누리 목포해양대 교수
- 남궁정 숙명여대 교수
- 안혜진 수원여대 교수
- 정숙희 숙명여대 교수
- 최보라 숙명여대 교수
- 한윤영 숭실대 교수

- 김은영 루터대 교수
- 박소연 숙명여대 교수
- 육진경 루터대 교수
- 정미경 한경대 교수
- 최영미 한경대 교수

3. 심리 검사 및 교재 개발

개발 총괄

- 김영아 다산전인교육캠퍼스 부원장

개발 위원

- 이상섭 건양대학교병원 의학과
- 최이선 닥터맘심리연구소 소장

E-CLIP

Emotional Creative Leadership Improvement Program
감성적 창의 주도성 향상 프로그램

4차 산업혁명 시대에 사회가 바라는 인재상과 역량은 기존과는 전혀 다릅니다. 현존하는 많은 직업이 인공지능(AI)으로 대체되고, 새로운 직업군이 만들어지는 등 직업의 개념이 바뀔 것입니다. 우리는 이런 변화에 대처하기 위해서는 자신만의 특성을 찾고 고유한 능력을 개발해야 합니다. 4차 산업혁명 시대를 대비해 '나는 누구인가?', '나는 어떤 능력을 준비해야 하는가?'에 대한 고민이 필요하며, 그 물음에 대한 해답이 바로 'E-CLIP'입니다.

'E-CLIP'은 자기주도학습의 최고 권위자 송인섭 교수와 수십 명의 연구진이 20년 동안 개발한 '자생력 기반 자기주도학습 프로그램'으로 학습자 고유의 감성적 창의성을 계발하여 스스로 자신이 처한 환경 전반을 이끌어 갈 수 있는 인재를 기르는 교육입니다. E-CLIP의 바탕을 이루는 '자생력(감성적 창의성)'은 하늘에서 뚝 떨어진 새로운 개념도 천재적인 번뜩임 같은 특출한 능력도 아닙니다. 누구나 교육으로 익힐 수 있는 능력입니다. '자생력(감성적 창의성)'은 공부의 기틀을 다지는 힘이며 이것은 기계와 차별화되는 인간만의 본성인 감성에 일상의 다양한 문제와 활동을 새롭게 배열하고 통합하고 연결하는 창의성을 더한 개념입니다. 즉, 인공지능에는 없는 인간다움, 인간만이 할 수 있는 능력인 생각하는 능력, 상상력, 문화, 예술, 철학, 역사의식, 신념과 꿈을 실현하려는 확고한 의지 등이 바로 '자생력(감성적 창의성)'입니다.

E-CLIP 학습자가 된다는 것은 첫째, 학습의 주도권이 외부 환경으로부터 학습자에게 옮겨오는 것을 뜻합니다. 학업 성취 수준과 관계없이 스스로 학습하는 습관을 형성하고 위기를 극복하는 내적인 힘을 키우는 것입니다. 이 내적인 힘은 학습자가 경험하는 다른 상황에도 전이되어 학습자의 내면적 성장을 돕습니다. 둘째, 학습 성향 진단을 통해 문제점을 보완하고 자신에게 맞는 방향을 찾아 잠재 능력을 개발할 수 있습니다. 셋째, 학습자들은 학습 행동을 주도하는 과정을 통해 학습 몰입 경험을 하게 되며 자기 생각을 표현하고 다른 사람과 소통할 수 있는 능력을 기르게 됩니다. 이렇듯 자생력을 기반으로 하는 E-CLIP은 자신의 목표와 가치를 온전히 펼칠 수 있는 최선의 방법이며 전인적 자아실현을 통해 행복한 삶의 길을 열어 줄 것입니다.

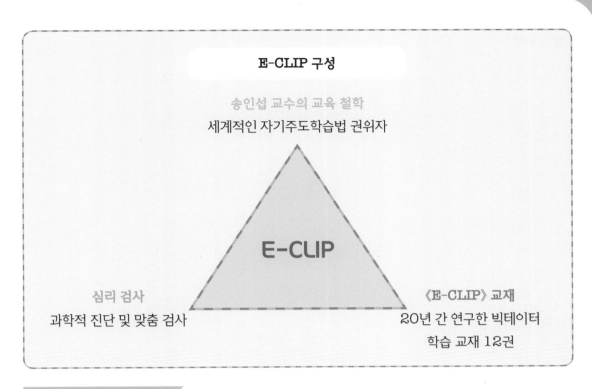

E-CLIP 구성

송인섭 교수의 교육 철학
세계적인 자기주도학습법 권위자

E-CLIP

심리 검사
과학적 진단 및 맞춤 검사

《E-CLIP》교재
20년 간 연구한 빅테이터
학습 교재 12권

송인섭 교수의 교육 철학

세계적인 자기주도학습법 권위자

송인섭 교수는 지나친 사교육으로 교육의 본질에 대한 심각한 문제가 대두되던 시기에 자기주도학습을 통해 한국 교육에 변화를 불러일으켰습니다. 그 후 수십 명의 전문 연구진과 교육심리학 이론을 배경으로 학습자들을 개별 관찰, 상담하며 학습자가 공부를 하는 이유와 배경이 무엇인지 찾는 과정에서 자생력이라는 개념을 새롭게 정의했습니다.

송인섭 교수의 교육 철학이 그대로 담긴 자생력은 인간만의 고유한 능력인 감성에 창의성을 겸비한 것으로, 심리학에서 가져온 개념입니다. 자생력의 뿌리가 되는 구성인자는 통찰력 있는 창의성, 통찰력 있는 융합, 통찰력 있는 리더십입니다. 통찰은 개개인의 능력이나 환경에 좌우되지 않고 경험의 축적과 노력 여하에 따라 향상될 수 있는 지극히 감성적인 요소입니다. 통찰 위에 창의적인 생각이 움트고, 정보와 지식을 연결하는 융합적 사고와 사회적 리더십을 발휘할 때 비로소 자생력이 완성됩니다.

이를 바탕으로 개발된 'E-CLIP'은 세계적인 자기주도학습법 권위자 송인섭 교수의 20년 연구 결정체입니다. 자생력을 과학적으로 측정하기 위한 심리 검사와 자생력을 증진하고 계발하기 위한 《E-CLIP》교재의 상호작용을 통해 학습자의 '공부하는 힘'을 향상시키고 있습니다.

심리 검사

과학적 진단 및 맞춤 검사

심리 검사는 학습자가 가지고 있는 '감성적 창의 주도성' 수준을 과학적으로 진단해서 현재 강점과 약점을 확인하는 도구입니다. 학습자의 특성을 정확하게 진단하고 이를 토대로 교육 프로그램을 이수하는 데 목적이 있습니다. 학습자는 심리 검사의 개인 맞춤형 성향 분석 및 결과를 바탕으로, 교육심리 전문가와의 1 대 1 상담을 통해 학습 문제를 이해하고 학습 방향을 설계할 수 있습니다.

검사는 종합적 자생력 검사 1종과 동기, 인지, 몰입, 자아존중감 등 개별 검사 5종으로 구성되어 있습니다. 동기 검사는 《E-CLIP》 1권, 인지 검사는 《E-CLIP》 2권과 3권, 동기 심화 검사는 《E-CLIP》 4권, 몰입 검사는 《E-CLIP》 5권, 자아존중감 검사는 《E-CLIP》 6권과 연결되어 있습니다. 그리고 종합적 자생력 검사는 《E-CLIP》 1~12권에 나오는 모든 특성을 점검할 수 있는 검사로, 《E-CLIP》 시작 전과 후에 각각 검사하면 학습자의 '감성적 창의 주도성' 변화를 알아볼 수 있습니다.

심리 검사 방법

심리 검사는 간편하고 빠르게 개인별 수준을 점검할 수 있는 'Short-Form 무료 검사'와 표준화된 검사 시스템인 'Long-Form 심층 검사'로 나뉩니다. 각 검사의 이용 방법은 아래와 같습니다.

Short-Form 무료 검사
다산전인교육캠퍼스 홈페이지(www.dasaneducation.co.kr)에서 PDF 다운로드를 통해 무료로 검사할 수 있습니다. 즉각적인 진단을 통해 바로 《E-CLIP》 학습을 원하는 경우에 추천합니다.

PDF 다운로드
www.dasaneducation.co.kr 접속 〉 심리 검사 〉 Short-Form 무료 검사

Long-Form 심층 검사
다산전인교육캠퍼스 홈페이지(www.dasaneducation.co.kr)에서 오프라인 심층 검사를 신청할 수 있습니다. 전문적인 검사로 학습자의 특성을 깊이 있게 파악하고, 전문가의 상담을 원하는 경우에 추천합니다.

신청 및 이용 방법
www.dasaneducation.co.kr 접속 〉 심리 검사 〉 Long-Form 심층 검사

20년 간 연구한 빅테이터 학습 교재 12권

《E-CLIP》은 송인섭 교수가 전문 연구진들과 8,950명의 학습자를 대상으로 20년 간 연구한 결과물에 학습 만화 《who?》의 위인 이야기를 더해서, 쉽고 재미있게 감성적 창의 주도성을 높이는 학습서입니다. 본 교재는 1~12권으로 나누어져 있으며, 심리 검사 결과를 바탕으로 학습자 수준에 맞춰 권 별 집중 학습 및 개별 수업을 진행할 수 있습니다.

《E-CLIP》의 주제

권	주제	학습 목표	프로그램		
			학습 동기 향상 프로그램	학습 목표 향상 프로그램	진로 설계 향상 프로그램
1	동기	능동적 학습의 시작	1단계 집중 학습		
2	인지	자생적 인지 학습			
3	인지 심화	인지 능력 향상		2단계 집중 학습	
4	동기 심화	동기 향상 및 유지			
5	몰입	깊은 학습 몰입			
6	자아존중감	내면적 성숙			
7	창의성	창의성 계발			3단계 집중 학습
8	창의성 심화	창의성 학습 확장			
9	감성	감성 계발			
10	감성 심화	정서 발달 촉진			
11	사회성	사회성 계발			
12	사회성 심화	사회성 증진			

1. 도입

세계 위인과 함께 떠나는 탐험 미션입니다.
미션 속 5가지 활동을 키워드로 살펴봅니다.

활동 키워드로 미션 시작하기

2. 이야기

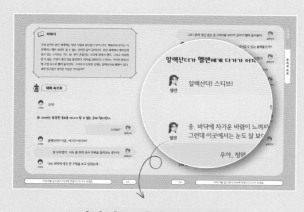

위인들의 이야기를 살펴보며 재미
를 느끼고 상상력을 펼칩니다

이야기로 미션 살펴보기

1. 전문적이다! 송인섭 교수의 '공부의 힘을 기르는 20년 연구 완결판'

2. 체계적이다! '개인별 진단 심리 검사'와 '맞춤형 학습 교재'로 만나는 진짜 솔루션

3. 재미있다! '학습 만화 《who?》의 위인'과 함께 떠나는 미션 대탐험

3. 활동

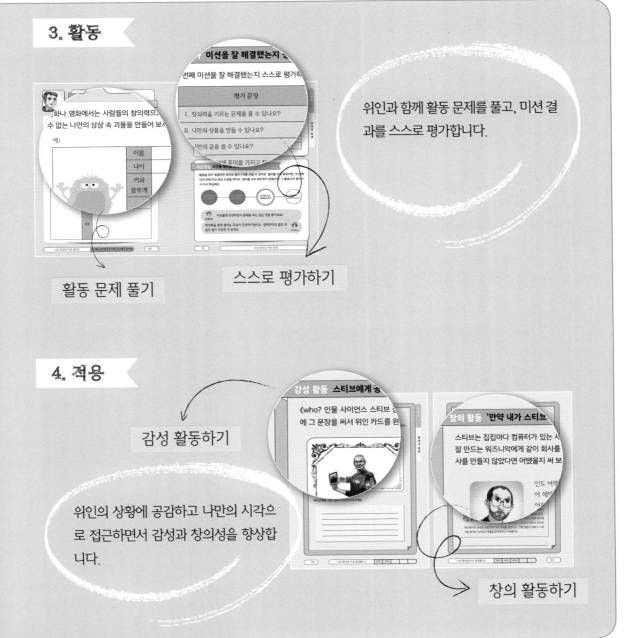

위인과 함께 활동 문제를 풀고, 미션 결과를 스스로 평가합니다.

활동 문제 풀기

스스로 평가하기

4. 적용

감성 활동하기

위인의 상황에 공감하고 나만의 시각으로 접근하면서 감성과 창의성을 향상합니다.

창의 활동하기

차례

E-CLIP 연구진

E-CLIP 소개

이 책의 구성과 특징

세계 위인과 함께 해결하는

자생력 UP 창의성 미션

첫 번째 미션　언어 표현하기 ················ 16쪽

두 번째 미션　깊이 생각하기 ················ 28쪽

세 번째 미션　창의성 키우기 ················ 40쪽

스페셜 미션　나의 창의성 높이기 ·········· 52쪽

미션 가이드

세계 위인과 함께 해결하는

자생력 UP

등장인물

마스터 송

생애 : 미스터리

국적 : 한국

직업 : 아이들이 미션을 해결하는 데
도움을 주는 안내자

스티브 잡스

생애 : 1955~2011년

국적 : 미국

직업 : 하드웨어 엔지니어, 기업가

주요 업적 : 애플컴퓨터를 세움.

 위인 이야기

어린 시절 스티브는 학교생활에 적응하지 못하고 말썽을 부리는
소년이었어요. 하지만 스티브는 컴퓨터라는 기계에 마음을 빼앗
기고부터 창의적이고 열정적인 모습으로 변했지요. 그 후 '애플'
이라는 회사를 세우고 새로운 제품들을 만들어 내며 놀라운
성장을 이뤄 나갔어요.

알렉산더 플레밍

생애 : 1881~1955년

국적 : 영국

직업 : 의사, 미생물학자

주요 업적 : 페니실린을 발견해서 1945년 노벨 생리·의학상
을 수상함.

📖 위인 이야기

한적한 시골 마을에서 태어나 자연 속에서 어린 시절을 보낸 알
렉산더 플레밍! 비록 늦은 나이에 꿈을 찾아 의과 대학에 입학
했지만, 뛰어난 관찰력으로 페니실린을 발견할 수 있었어요.

헬렌 켈러

생애 : 1880~1968년

국적 : 미국

직업 : 작가, 사회 사업가

주요 업적 : 《헬렌 켈러 자서전》, 《사흘만 볼 수 있다면》 등을 씀.

📖 위인 이야기

어릴 때 뇌척수막염으로 보지도, 듣지도 못하는 장애를 가지게
된 헬렌의 삶은 암흑 그 자체였어요. 하지만 헬렌은 앤 선생님을
만나서 말을 배웠지요. 나아가 책을 쓰면서 세상과 소통할 수 있었
어요.

첫 번째 미션 언어 표현하기

마스터 송

스티브 잡스는 창의적인 생각을 언어로 표현해서 관중을 압도하곤 했어요. 스티브와 함께 발표와 토론을 알아보면서 미션을 해결해 보세요!

오늘의
활동 키워드

활동 01

다양한 표현 방법

활동 02

발표

학습 목표

1. 다른 사람 앞에서 발표할 수 있다.
2. 올바른 방법으로 토론할 수 있다.

활동 03

토론 과정

활동 04

토론

활동 05

나의 발표

이야기

가상 공간인 위인 세계에는 청년 시절의 위인들이 모여 산다. 평화로워 보이는 이곳에서는 매번 상상도 할 수 없는 신비한 일이 일어난다. 위인 세계에서 재미있게 살고 있는 스티브는 어느 날, 땅이 흔들리는 소리에 잠에서 깬다. 그리고 바닥에 알 수 없는 구멍이 생긴 것을 발견한다. 바닥을 살펴보던 스티브는 기이한 힘에 의해 구멍 속으로 빨려 들어간다. 스티브가 도착한 곳에는 알렉산더와 헬렌이 있다. 과연 친구들이 넘어온 이곳은 어디일까?

 ## 대화 속으로

 스티브

으악!

쿵! 스티브는 캄캄한 통로를 지나서 알 수 없는 곳에 떨어진다.

스티브?
 알렉산더

 스티브

알렉산더? 아휴, 여기가 어디야?

잘 모르겠어. 나도 좀 전에 와서 주변을 둘러보는 중이야.
 알렉산더

 스티브

나는 바닥에 생긴 큰 구멍을 보고 있었는데….

나도! 문에 생긴 검은 동그라미를 보다가 갑자기 빨려 들어왔어.
알렉산더

스티브
검은 동그라미라…, 이거 설마 시공간을 넘어갈 수 있는 블랙홀인가?

그럴 수도 있겠다!
알렉산더

스티브
블랙홀을 건너 온 사람이 우리 말고 또 있나 봐. 저기 헬렌도 있어!

어? 헬렌!
알렉산더

알렉산더가 헬렌에게 다가가 어깨를 톡톡 친다.

헬렌
알렉산더! 스티브!

헬렌? 우리가 보이는 거야?
스티브

헬렌
응. 바닥에 차가운 바람이 느껴져서 손을 뻗었더니 여기로 떨어졌어.
그런데 이곳에서는 눈도 잘 보이고 소리도 잘 들려!

우아, 정말 축하해! 여기 진짜 신비한 곳이잖아?
알렉산더

스티브
우리 같이 여기가 어딘지 알아보자.

그때 멀리서 마스터 송이 걸어온다.

이야기를 읽으면서 미션에 한발 더 다가가 보세요.

안녕하세요, 여러분. 저는 마스터 송입니다.
마스터 송

스티브
마스터 송? 그 말로만 듣던 안내자?

모든 걸 다 알고 있고, 친구들이 위험에 빠지면 도와주시는 분?
헬렌

마스터 송
하하, 맞습니다.

그럼 마스터 송께서 저희를 이곳으로 부르신 건가요?
알렉산더

마스터 송
제가 부른 게 아닙니다. 여러분, 블랙홀을 보며 무슨 생각을 했나요?

음…, '이게 뭘까?' 궁금해서 한참 들여다봤어요.
스티브

헬렌
바닥에서 느껴지는 차가운 공기가 무엇인지 상상하고 있었어요.

검은 동그라미에 호기심이 생겨서 요리조리 살펴보고 있었어요.
알렉산더

마스터 송
역시!

마스터 송이 고개를 끄덕이자, 친구들은 궁금한 표정으로 마스터 송을 본다.

뭔가 알아내셨나요?
스티브

마스터 송 정답은 호기심! 무언가를 기억하고 생각하기 위해 관심을 기울인 친구들만이 블랙홀을 통과해 이곳으로 올 수 있어요.

여기는 어딘가요? 알렉산더

 마스터 송 여기는 IQ 월드입니다. 자신의 인지 능력을 알아보고 발전시킬 수 있는 세계입니다.

우아, IQ 월드요? 스티브

 마스터 송 네, 이곳에서 게임처럼 미션을 하나씩 해결하다 보면 집으로 돌아가는 블랙홀이 나타날 겁니다.

오! 어떤 미션일까? 기대되는데? 알렉산더

 스티브 미션을 모두 끝내서 집으로 돌아가겠어요! 첫 번째 미션은 뭔가요?

첫 번째 미션은 말을 잘하는 친구들이 풀기 쉬운 5가지 활동입니다. 마스터 송

 헬렌 스티브! 바로 너잖아.

훗, 다들 나만 믿어. 스티브

친구들은 마스터 송의 안내에 따라 첫 번째 미션의 문 앞에 선다.

 마스터 송 미션을 잘 해결해 보세요. 저는 미션을 해결하면 만날 수 있습니다. 궁금하거나 어려운 일이 있으면 마스터 송을 큰 소리로 부르세요.

이야기를 읽으면서 미션에 한발 더 다가가 보세요.

보기 에서 마음에 드는 단어 3개를 골라, 빈칸에 써 보세요. 그리고 그 단어를 친구에게 몸으로 설명해 보세요.

보기

자동차, 종이컵, 바나나, 축구, 반지, 사과, 책, 가족, 학교, 장미, 무궁화, 소나무, 태양, 별

내가 고른 단어	

다른 사람에게 나를 설명할 수 있는 단어들을 써 보고, 그 단어들을 이용해 나를 설명하는 글을 써 보세요.

나를 설명하는 단어	나를 설명하는 글

스티브의 발표를 생각해 보고 나의 발표를 떠올려 보자

발표는 어떤 일이나 나의 생각을 다른 사람들에게 알리는 것이에요. 발표했던 경험을 떠올려 보고 아래에서 내가 발표할 때와 같은 모습에는 ○표를, 다른 모습에는 ×표를 해 보세요.

발표 태도	표시
1. 발표를 할 때 손동작이나 표정이 자연스럽다.	
2. 사람들 앞에서 당당하고 자신 있게 말한다.	
3. 발표를 시작할 때 적절한 인사말과 자기소개를 한다.	
4. '난 발표를 잘 못해'라는 생각을 하지 않는다.	
5. 발표를 할 때 시선을 똑바로 하고 고개를 숙이지 않는다.	
6. 강조해야 할 부분에서는 목소리와 손동작에 힘을 준다.	
7. 발표가 중간에 끊어지지 않도록 부드럽게 이어서 말한다.	
8. 실수를 해도 당황하지 않고 미소로 넘어간다.	
9. 발표를 시작할 때 간단하게 발표 순서와 목적을 미리 이야기한다.	

다른 사람 앞에서 발표할 때, 나에게 부족한 점과 발표를 잘하기 위해서 나에게 필요한 점을 써 보세요.

부족한 점	
필요한 점	

활동 03

위인 친구들의 토론 과정을 살펴보자

토론은 하나의 주제에 대해 서로 다른 의견을 자유롭게 나누는 것이에요. 친구들의 토론 과정을 보고, 토론을 <u>잘못</u>하고 있는 친구를 골라 보세요.

사회자

> 안녕하세요. 오늘은 '초등학생에게 스마트폰 사용을 금지해야 한다.'를 주제로 토론을 하겠습니다. 찬성 측 먼저 이야기해 주세요.

헬렌

> 안녕하세요. 찬성 측 헬렌입니다. 스마트폰은 초등학생에게 나쁜 영향을 줍니다. 매일 작은 스마트폰을 들여다보다 보니, 많은 친구들이 눈이 나빠져서 안경을 씁니다. 또 종일 스마트폰만 보다가 숙제를 안 하는 친구들도 있습니다. 따라서 눈 건강과 학습을 위해서 스마트폰 사용을 금지해야 합니다.

사회자

> 찬성 측 의견 잘 들었습니다. 그럼 반대 측 주장해 주세요.

스티브

> 안녕하세요. 반대 측 스티브입니다. 초등학생이 스마트폰을 사용할 수 있게 해야 합니다. 빠르게 발달하는 현대 사회에서 스마트폰 사용은 놀이를 넘어서 미래 세상에 대한 학습입니다. 스마트폰으로 몰랐던 정보를 쉽게 알 수 있고, 자신의 꿈에 도움이 되는 활동도 할 수 있습니다. 그리고 눈 건강과 학습을 위해서라면 스마트폰 사용을 금지할 것이 아니라, 사용 시간을 정하면 됩니다.

알렉산더

> 아닙니다! 반대 측 말은 들을 필요도 없습니다. 무조건 스마트폰이 나쁩니다. 모든 친구들에게서 스마트폰을 뺏어야 합니다.

스티브와 함께 토론을 해 보자

토론 주제를 읽고 찬성 또는 반대 입장을 선택해 나의 주장을 써 보세요. 그리고 인터넷과 책 등에서 토론 주제에 관한 정보를 찾아 알맞은 근거를 써 보세요.

토론 주제 : 줄임 말 사용은 필요하다.

우리는 가족이나 친구들과 메신저, SNS 등을 이용해서 온라인으로 대화를 주고받습니다. 이때 짧은 시간 안에 하고 싶은 말을 많이 전달하려다 보니, 최대한 말을 줄여서 뜻만 통할 수 있게 간단히 나타내려고 합니다. 이러한 생각에서 다양하게 생겨나기 시작한 것이 줄임 말입니다. 줄임 말에는 칼같이 답장하다는 뜻의 '칼답', 알았다는 뜻의 'ㅇㅇ' 등이 있습니다.

개념	나의 생각
주장 (어떤 문제에 대해 자신의 의견을 내세우는 것)	
근거 (주장을 뒷받침하는 까닭)	① ② ③

위에 쓴 주장과 근거를 바탕으로 가족이나 친구, 선생님과 토론해 보세요.

열정적이고 창의적인 스티브처럼 발표해 보자

앞의 활동에서 줄임 말 사용에 관한 토론을 해 보았어요. 토론한 내용을 바탕으로 줄임 말 사용에 대해 나의 의견을 주장하는 글을 써 보세요.

_____

_____

_____

_____

_____

_____

위의 글을 가족이나 친구, 선생님 앞에서 발표해 보고, 나의 발표는 어땠는지 아래 질문에 대답해 보세요.

1. 나의 발표에 다른 사람들이 흥미를 가지고 몰입했나요?

   _____

2. 긴장하지 않고, 발표 내용을 차분히 전달했나요?

   _____

3. 자연스럽고 당당한 태도로 발표했나요?

   _____

미션 평가 미션을 잘 해결했는지 평가해 보자

첫 번째 미션을 잘 해결했는지 스스로 평가해 보세요.

평가 문항	매우 아니다	아니다	그저 그렇다	그렇다	매우 그렇다
1. 단어를 몸이나 글로 설명할 수 있나요?					
2. 주장에 대해 알맞은 근거를 들어 토론할 수 있나요?					
3. 발표할 내용을 글로 쓰고, 직접 발표할 수 있나요?					
4. 첫 번째 미션에 흥미를 가지고 참여했나요?					
5. 첫 번째 미션에 최선을 다하여 참여했나요?					

미션 완성 미션을 확인해 보자

활동을 모두 해결하면 창의성 열쇠 5개를 모을 수 있어요. 열쇠를 모두 획득하면, 첫 번째 미션 칸에 미션 완성 도장을 찍어요. 열쇠를 모두 획득하지 못했으면, 그 활동으로 돌아가서 다시 학습해요.

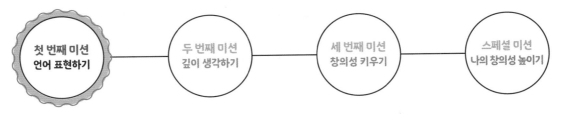

첫 번째 미션
언어 표현하기

두 번째 미션
깊이 생각하기

세 번째 미션
창의성 키우기

스페셜 미션
나의 창의성 높이기

친구들과 같이 활동을 해결했더니 발표와 토론이 벌써 끝났어요!

스티브

첫 번째 미션을 아주 잘 완료했군요. 말을 논리적으로 잘하는 스티브의 활약이 대단했어요.

마스터 송

나의 창의성 미션 달성!

두 번째 미션 깊이 생각하기

마스터 송

헬렌 켈러는 능동적으로 글을 읽고, 창의적으로 글을 썼어요. 헬렌과 함께 글을 능동적으로 읽고, 상황을 합리적으로 생각하면서 미션을 해결해 보세요.

오늘의
활동 키워드

활동 01

능동적 읽기

활동 02

독서 정리장

학습 목표

1. 글을 능동적으로 읽을 수 있다.
2. 상황을 합리적으로 판단할 수 있다.

활동 03

글과 글의 연결

활동 04

합리적 판단

활동 05

필요한 내용

이야기

블랙홀을 통해 IQ 월드에 떨어진 스티브와 알렉산더, 헬렌은 발표와 토론을 하면서 첫 번째 미션을 무사히 끝낸다. 친구들이 첫 번째 미션을 해결한 방에서 나와 이야기를 나누고 있을 때, 하늘에 작고 동그란 점이 생긴다. 하늘에 생긴 점은 무엇일까? 그리고 친구들이 풀어야 할 다음 미션은 무엇일까?

 대화 속으로

스티브
우리 발표와 토론을 잘하는데?

맞아! 미션을 아주 잘 해결했어. 미션에서 발표와 토론을 하다 보니, 내가 평소에 말을 어떻게 하는지도 알겠어.
헬렌

알렉산더
맞아. 앞으로는 근거를 대면서 논리적으로 말할 거야!

첫 번째 미션이 끝났는데, 이제 어떻게 되는 거지?
스티브

헬렌
그러게. 블랙홀이 어디에 생기는 걸까?

어? 얘들아, 하늘을 좀 봐.
알렉산더

스티브
하늘에 검은 점이 생겼어!

저게 블랙홀인가 봐! 알렉산더

 스티브
저렇게 작은 점을 통과해서 우리가 마을로 돌아갈 수 있을까?

친구들은 하늘 위에 생긴 작고 동그란 점을 보고 블랙홀을 떠올린다.

아무래도 비밀은 마스터 송께서 알고 계실 거야. 헬렌

 알렉산더
그러고 보니 마스터 송께서 안 계시네.

마스터 송을 불러 보자. 스티브

 모두
마스터 송!!!

나무 뒤에서 망원경으로 하늘을 보고 있던 마스터 송이 친구들 앞에 나타난다.

모두 하늘에 생긴 검은 점을 봤나요? 마스터 송

 스티브
네! 점을 보고 궁금해서 마스터 송을 찾았어요.

저게 뭔가요? 헬렌

자생력 UP

창의성 미션

31 이야기를 읽으면서 미션에 한발 더 다가가 보세요.

마스터 송 친구들이 미션을 해결할수록 점이 점점 커질 겁니다. 점이 커져서 이곳으로 왔던 블랙홀이 되면, 친구들을 원래 살고 있던 마을로 보내줄 거예요.

우아! 하늘에 보이는 저 점이 커지면 우리를 이동시켜 줄 블랙홀이 된다고요? 알렉산더

 헬렌 이야, 정말 신기한걸?

심지어 우리가 움직이는 대로 저 점이 따라다녀! 스티브

 알렉산더 점을 보니 빨리 미션을 해결해서 점이 더 커지게 하고 싶은데?

나도! 빨리 다음 미션을 풀어 보자. 스티브

 헬렌 마스터 송! 저희가 해결해야 하는 미션은 무엇인가요?

모두 의지가 활활 불타오르고 있군요. 그렇다면 오른쪽을 보세요. 마스터 송

 헬렌 저기 엄청 큰 책이 있어요.

맞아요. 저쪽에는 책 모양의 도서관이 있습니다. 마스터 송

 알렉산더 책 속에 책이 있다니!

책 속으로 들어가 볼까요? 마스터 송

모두   네!

마스터 송과 친구들은 책 모양의 도서관으로 들어간다. 그 안에는 책이 날아다니고 있다.

우아! 책이 둥둥 떠 있어!
헬렌

스티브   책들이 마법에 걸린 건가?

마스터 송, 이 책들은 뭐예요?
알렉산더

마스터 송   이 도서관에 있는 책들은 모두 날아다닙니다. 미션에 필요한 책을 잡아서 문제를 해결해 보세요.

두 번째 미션이 대체 뭐길래….
스티브

마스터 송   두 번째 미션은 글을 읽으면서 해결하는 5가지 활동입니다.

아하! 이번에는 책을 좋아하는 헬렌을 따라가야겠어.
알렉산더

헬렌   하하, 내가 힘내 볼게!

미션을 잘 해결해 보세요. 저는 미션을 해결하면 만날 수 있습니다. 궁금하거나 어려운 일이 있다면 마스터 송을 큰 소리로 부르세요.
마스터 송

이야기를 읽으면서 미션에 한발 더 다가가 보세요.

헬렌과 함께 글을 능동적으로 읽어 보자

능동적인 읽기는 단순히 글자만 읽는 것이 아니라, 글의 의미를 전체적으로 파악하면서 읽는 것이에요. 아래 글을 읽고 각 질문에 알맞은 답을 써 보세요.

어린 시절 헬렌은 보지도, 듣지도, 말하지도 못하는 3중 장애를 앓고 있었어요. 헬렌의 세상은 조용한 암흑뿐이었지요. 헬렌의 부모님은 헬렌이 장애가 있다는 이유로 제멋대로 행동하게 두었어요. 하지만 앤 선생님은 이런 헬렌에게 다른 사람과 함께할 수 있게 예절과 단어를 가르쳤지요. 헬렌은 앤 선생님 덕분에 자신의 감정만 생각하지 않을 수 있었어요 그리고 헬렌은 다른 사람들과 소통하기 위해 수화와 말하는 방법을 배웠어요. 암흑 속에서 아무것도 받아들이지 못했던 헬렌은 앤 선생님의 가르침으로 자신을 받아들이고 스스로 변하기 위해 노력했지요.

생각 정리하기

1. 이 글을 읽고 느낀 점은 무엇인가요?

_____

2. 이 글에서 알 수 있는 교훈은 무엇인가요?

_____

앞으로 나아가기

1. 만약 내가 헬렌의 선생님이었다면, 헬렌을 어떻게 도와줄 수 있었을까요?

_____

2. 이 글을 읽고 깨달은 점을 내 생활에 적용한다면, 무엇을 어떻게 적용할 수 있을까요?

_____

능동적인 헬렌처럼 나만의 독서 정리장을 만들어 보자

내가 좋아하는 책을 골라서 표지를 그려 보세요. 그리고 주어진 질문에 답하면서 '나만의 독서 정리장'을 만들어 보세요.

나만의 독서 정리장

1. 이 책의 제목은 무엇인가요?

2. 이 책의 주제는 무엇인가요?

3. 이 책에서 가장 인상 깊었던 부분은 무엇인가요?

4. 이 책에서 나온 내용 중 내 생활에 적용할 점이 있다면 무엇인가요?

아래 두 글을 읽고, 이어지는 문제를 풀어 보세요.

> 계절은 규칙적으로 되풀이되는 자연 현상에 따라 1년을 구분한 것입니다. 계절은 지역에 따라 여러 가지의 경우로 나눌 수 있습니다. 우리나라의 계절은 따뜻한 봄과 땀이 뻘뻘 나는 더운 여름, 시원한 바람이 부는 가을, 물이 꽁꽁 어는 추운 겨울까지 4개로 나뉩니다.

> 우리가 사는 지구는 태양 주위를 빙글빙글 돕니다. 그리고 지구가 태양 주위를 1바퀴 도는 데 1년이 걸립니다. 그런데 지구는 약간 기울어져서 태양 주위를 돌기 때문에 햇빛을 많이 받는 위치에 있을 때는 여름이 되고, 햇빛을 적게 받는 위치에 있을 때는 겨울이 됩니다. 따라서 우리나라는 지구가 태양 주위를 1바퀴 도는 동안 봄, 여름, 가을, 겨울을 거치게 되는 것입니다.

1. 두 글의 공통점을 써 보세요.

_____

_____

_____

2. 첫 번째 글에서는 우리나라의 계절을 나누어 설명하고 있어요. 계절이 나뉘는 이유를 두 번째 글에서 찾아 써 보세요.

_____

_____

_____

헬렌과 함께 상황을 합리적으로 판단해 보자

사고력은 상황과 목표에 맞게 생각하고 판단하는 능력이에요. 사고력을 이용해 친구에게 옷을 선물할 때 고려해야 할 점은 무엇인지 써 보고, 친구에게 선물할 옷을 그려 보세요.

친구에게 옷을 선물할 때 고려해야 할 점
예) 계절, 좋아하는 색 등

친구에게 선물할 옷

학교에서 친구들 사이에 벌어진 싸움을 말리려면, 누구의 잘못인지 상황을 판단해야 해요. 이때 고려해야 할 점은 무엇인지 써 보세요.

헬렌과 함께 필요한 내용을 고르면서 사고력을 키우자

상품 설명서에는 상품이 무엇인지 설명하기 위해 꼭 들어가야 하는 내용들이 있어요. 아래 상품 사진을 보고, 이 상품의 설명서에 필요한 것을 골라 보세요.

상품 이름	사용 방법	관리 방법
오늘의 날씨	상품을 구입한 사람의 수	감기 예방 방법
다른 회사 세탁기의 이름	주의사항	길 찾기 정보

내가 자주 사용하거나 좋아하는 물건을 찾아서 그 상품의 설명서를 읽어 보세요. 그리고 아래 질문에 답해 보세요.

1. 상품 설명서가 상품을 이해하기 쉽게 설명하고 있나요?

_____

_____

_____

2. 상품 설명서에 부족한 점은 무엇인가요?

_____

_____

_____

미션 평가 미션을 잘 해결했는지 평가해 보자

두 번째 미션을 잘 해결했는지 스스로 평가해 보세요.

평가 문항	매우 아니다	아니다	그저 그렇다	그렇다	매우 그렇다
1. 글을 능동적으로 읽을 수 있나요?					
2. 글과 글을 연결지어 생각할 수 있나요?					
3. 상황을 합리적으로 판단할 수 있나요?					
4. 두 번째 미션에 흥미를 가지고 참여했나요?					
5. 두 번째 미션에 최선을 다하여 참여했나요?					

미션 완성 미션을 확인해 보자

활동을 모두 해결하면 창의성 열쇠 5개를 모을 수 있어요. 열쇠를 모두 획득하면, 두 번째 미션 칸에 미션 완성 도장을 찍어요. 열쇠를 모두 획득하지 못했으면, 그 활동으로 돌아가서 다시 학습해요.

첫 번째 미션 언어 표현하기 ― 두 번째 미션 깊이 생각하기 ― 세 번째 미션 창의성 키우기 ― 스페셜 미션 나의 창의성 높이기

친구들과 같이 활동을 해결했더니 글을 능동적으로 읽을 수 있게 되었어요!
헬렌

두 번째 미션을 모두 해결했군요. 상황을 합리적으로 판단하는 헬렌이 잘 이끌었어요.

마스터 송

나의 창의성 미션 달성!

세 번째 미션 창의성 키우기

마스터 송

알렉산더 플레밍은 꾸준한 노력과 번뜩이는 생각으로 페니실린을 발견했어요. 알렉산더와 함께 창의성을 키우면서 미션을 해결해 보세요.

오늘의
활동 키워드

활동 01

창의 문제

활동 02

도형 채우기

학습 목표

1. 창의력을 기르는 문제를 풀 수 있다.
2. 창의성을 활용할 수 있다.

활동 03

나만의 상품

활동 04

글쓰기

활동 05

상상 속 괴물

이야기

스티브와 알렉산더, 헬렌은 블랙홀을 타고 IQ 월드에 떨어진다. 친구들은 발표와 토론을 하는 첫 번째 미션을 마치고, 능동적으로 글을 읽고 합리적으로 상황을 판단하는 두 번째 미션을 무사히 끝낸다. 그리고 친구들은 두 번째 미션을 해결한 책 모양의 도서관에서 나와 하늘을 쳐다본다. 과연 블랙홀이라는 검은 점은 첫 번째 미션을 해결했을 때보다 더 커졌을까? 그리고 친구들이 풀어야 할 다음 미션은 무엇일까?

 대화 속으로

 두 번째 미션을 잘 끝내서 다행이야!
스티브

전체 의미를 파악하면서 글을 읽는 게 어려웠어.
알렉산더

 맞아. 앞으로 책을 읽을 때는 글의 내용을 잘 정리하면서 읽어야겠어.
헬렌

친구들은 책 모양의 도서관에서 미션을 마치고 이야기를 나누고 있다. 그때 갑자기 알렉산더가 소리친다.

아, 맞다!
알렉산더

헬렌

무슨 일이야?

우리 밖으로 나가서 하늘을 보자! 블랙홀이 더 커졌을까?

알렉산더

스티브

오, 잊고 있었어. 나가 보자!

친구들은 밖으로 나가서 하늘을 올려다본다.

우아, 점이 훨씬 커졌잖아!

헬렌

스티브

미션을 조금만 더 해결하면, 저 블랙홀을 통해 나갈 수 있겠어!

이야, 신난다!

알렉산더

헬렌

그런데 우리가 해결해야 하는 미션이 모두 몇 개일까?

우리 마스터 송께 여쭤보자.

스티브

알렉산더

마~스~터 송~

알렉산더가 마스터 송을 큰 소리로 부른다.

으악! 깜짝이야.

헬렌

이야기를 읽으면서 미션에 한발 더 다가가 보세요.

알렉산더

마스터 송! 언제부터 저희 뒤에 계셨어요?

마스터 송이 친구들 뒤에서 나타나자, 모두 놀란다.

놀랐나요? 저는 친구들의 이야기에 귀 기울이고 있었죠. 마스터 송

 스티브

으휴, 정말! 깜짝 놀랐잖아요.

여러분이 궁금한 게 미션의 개수인가요? 마스터 송

 헬렌

네! 몇 개의 미션을 해결해야 저희가 집으로 돌아갈 수 있을까요?

미션은 총 4개입니다. 일반 미션 3개와 스페셜 미션 1개가 있죠. 마스터 송

 알렉산더

그럼 저희가 벌써 2개를 해결했군요?

맞아요. 이제 일반 미션 1개와 스페셜 미션 1개만 해결하면 블랙홀을 타고 집으로 돌아갈 수 있어요. 마스터 송

 스티브

우아!

얼마 안 남았어! 알렉산더

 헬렌

마스터 송, 스페셜 미션은 뭔가요?

이야기를 읽으면서 미션에 한발 더 다가가 보세요.

스페셜 미션은 일반 미션 3개를 모두 끝낸 친구들에게만 알려 주는 미션입니다. 다음 미션을 무사히 마치면 알려 줄게요.
마스터 송

헬렌
좋아요. 그럼 다음 미션을 설명해 주세요.

다음 미션은 친구들 뒤로 보이는 많은 창의 문제를 해결하는 것이에요.
마스터 송

알렉산더
창의 문제요?

네. 상상력과 호기심이 여러분에게 딱 맞는 미션이죠?
마스터 송

헬렌
네! 기대되는데요?

좋아. 나의 뛰어난 상상력을 보여 주겠어!
알렉산더

헬렌
오~, 알렉산더! 자신감이 대단한걸?

그럼 우리 이번에도 협동해서 미션을 해결해 보자!
스티브

마스터 송
미션을 잘 해결해 보세요. 저는 미션을 해결하면 만날 수 있습니다. 궁금하거나 어려운 일이 있으면 마스터 송을 큰 소리로 부르세요.

이야기를 읽으면서 미션에 한발 더 다가가 보세요.

관찰력이 뛰어난 알렉산더처럼 창의 문제를 살펴보자

아래 그림에서 성냥개비를 1개만 움직여서 알맞은 식이 되도록 만들어 보세요.

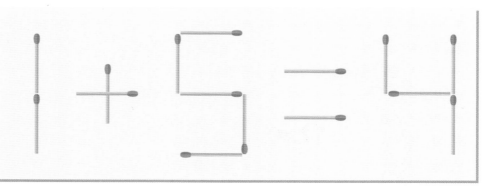

아래 퍼즐을 맞추면 어떤 동물이 완성될지 상상해 보고, 답을 골라 보세요.

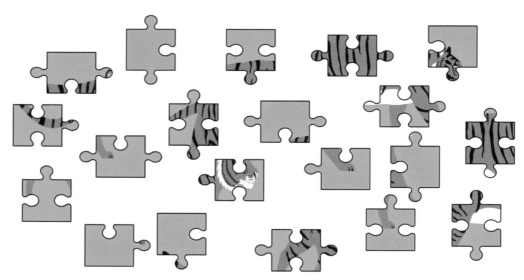

① 얼룩말　　　② 고양이　　　③ 사자　　　④ 호랑이

왼쪽의 도형 모음을 이용해서 오른쪽 빈칸을 채우려 해요. 빈칸이 남지 않고 모두 채워지도록 색칠해 보세요.

도형 모음

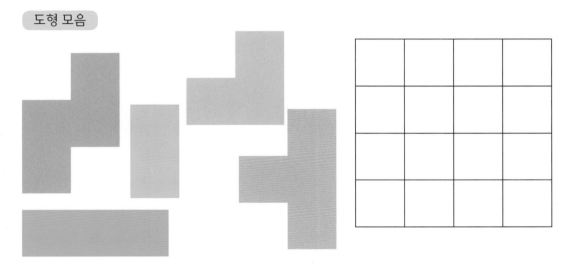

아래 빈칸을 서로 다른 도형으로 채운다면, 어떻게 채울 수 있을까요? 빈칸을 채울 수 있는 5조각의 도형을 그려 보세요.

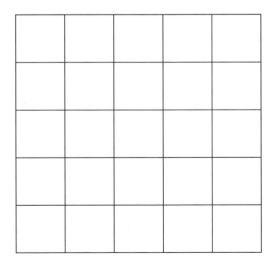

도형 모음

나만의 상품을 만들어 가게에서 팔려고 해요. 만들고 싶은 상품을 상상해서 써 보세요.

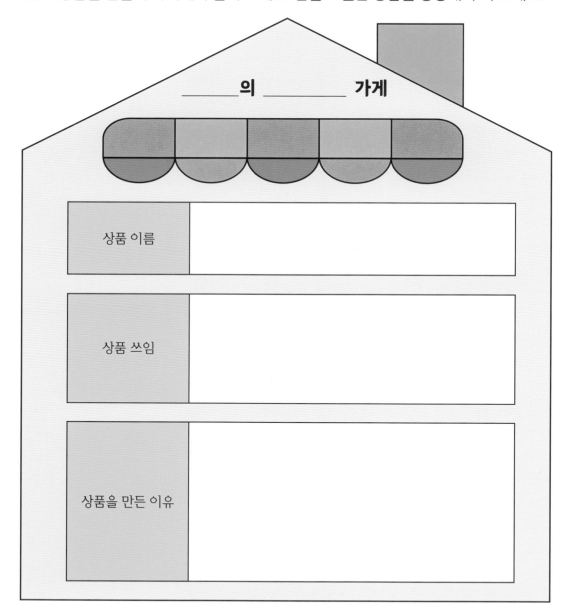

_____의 _____ 가게

상품 이름	
상품 쓰임	
상품을 만든 이유	

알렉산더와 함께 나만의 글을 써 보자

아래 첫 단어를 시작으로 빈칸에 적절한 단어를 써서 끝말잇기를 완성해 보세요.

호랑이 ➡

끝말잇기에 쓴 단어들을 이용해서 자유롭게 글을 써 보세요.

_____

_____

_____

_____

알렉산더와 함께 상상 속 괴물을 만들어 보자

만화나 영화에서는 사람들의 창의력으로 만들어 낸 괴물이 나오기도 해요. 주변에서 볼 수 없는 나만의 상상 속 괴물을 만들어 보세요.

예)

	이름	왕왕
	나이	1세
	키와 몸무게	99cm, 13kg
	특징	입이 몸만큼 큰 괴물이에요. 왕왕이는 나무 뒤에 숨어 있다가 사람들이 지나가면, 갑자기 나타나서 사람들을 놀라게 해요. 왕왕이는 군것질을 좋아해서 이빨이 다 빠졌어요. 그런데도 군것질을 하고 있는 사람만 보면 쫓아다녀요. 초콜릿과 사탕을 자주 먹다 보면, 뒤에 왕왕이가 서 있을지도 몰라요.

	이름	
	나이	
	키와 몸무게	
	특징	

미션 평가 미션을 잘 해결했는지 평가해 보자

세 번째 미션을 잘 해결했는지 스스로 평가해 보세요.

평가 문항	매우 아니다	아니다	그저 그렇다	그렇다	매우 그렇다
1. 창의력을 기르는 문제를 풀 수 있나요?					
2. 나만의 상품을 만들 수 있나요?					
3. 나만의 글을 쓸 수 있나요?					
4. 세 번째 미션에 흥미를 가지고 참여했나요?					
5. 세 번째 미션에 최선을 다하여 참여했나요?					

미션 완성 미션을 확인해 보자

활동을 모두 해결하면 창의성 열쇠 5개를 모을 수 있어요. 열쇠를 모두 획득하면, 세 번째 미션 칸에 미션 완성 도장을 찍어요. 열쇠를 모두 획득하지 못했으면, 그 활동으로 돌아가서 다시 학습해요.

첫 번째 미션 언어 표현하기 — 두 번째 미션 깊이 생각하기 — 세 번째 미션 창의성 키우기 — 스페셜 미션 나의 창의성 높이기

자유롭게 상상하면서 문제를 푸는 일은 정말 즐거워요!

알렉산더

창의력을 맘껏 펼치는 모습이 인상적이었어요. 알렉산더의 몸도 마음도 많이 성장한 것 같네요.

마스터 송

스페셜 미션 나의 창의성 높이기

마스터 송

3가지 미션을 모두 해결하다니 대단해요. 앞의 미션을 해결한 친구에게 주는 마지막 스페셜 미션은 위인을 알아보고, 나를 탐구하는 것이에요. 스티브 잡스의 창의성을 떠올리며 나의 자생력을 완성해 보세요.

탐구 활동

스티브를 인터뷰해 보자

감성 활동

스티브에게 공감하며 위인 카드를 만들어 보자

창의 활동

'만약 내가 스티브라면?' 상상해 보자

학습 목표

1. 스티브의 삶에 창의성이 어떤 영향을 주었는지 설명할 수 있다.
2. 나의 삶에 무엇이 중요한지 말할 수 있다.

주도성 활동

나에게 중요한 것은 무엇인지 생각해 보자

향상 활동

나를 소개해 보자

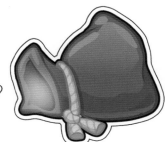

이야기

스티브와 알렉산더, 헬렌은 블랙홀을 통해 IQ 월드에 떨어진다. 이들은 첫 번째 미션인 발표와 토론을 마치고, 두 번째 미션인 능동적으로 글을 읽고 합리적으로 판단하기를 무사히 끝낸다. 그리고 마침내 친구들은 세 번째 미션인 창의 문제까지 순조롭게 해결한다. 3개의 미션을 모두 완수한 친구들은 집으로 돌아갈 수 있는 마지막 열쇠인 스페셜 미션을 기다린다. 과연 친구들이 풀어야 할 스페셜 미션은 무엇일까?

 대화 속으로

 스티브

창의 문제를 푸는 일은 정말 재미있는걸?

그러게 말이야. 재미있는 문제도 풀고 나만의 상품도 생각하다 보니 어두워진 줄도 몰랐어. 알렉산더

 헬렌

맞아, 벌써 깜깜하네.

어? 저길 좀 봐. 알렉산더

 스티브

우아, 블랙홀이 더 커지고 있어!

좋아! 이제 마지막 미션만 해결하면 되는 거지? 헬렌

알렉산더 응! 마지막 미션은 스페셜 미션이라고 했어!

스페셜이라···, 어떤 미션이 우리를 기다리고 있을까? **스티브**

헬렌 빨리 마스터 송을 불러 보자!

마스터 송! 어디 있나요? **알렉산더**

알렉산더가 마스터 송을 큰 소리로 부르자, 마스터 송이 친구들 앞에 나타난다.

마스터 송 앞의 3가지 미션을 모두 해결한 친구들은 이제 스페셜 미션을 풀 수 있겠군요.

스페셜 미션이 뭔가요? **헬렌**

마스터 송 바로 위인 1명을 골라 자세히 알아보는 미션이에요. 위인의 삶을 탐구하고 상상해 보는 일입니다.

위인의 삶이요? **스티브**

헬렌 위인이라면 자신의 꿈을 이룬 훌륭한 사람이겠네요. 기대되는걸요!

어떤 위인을 알아보나요? **알렉산더**

마스터 송 우리가 알아볼 위인은 바로 여러분 중에 있습니다.

이야기를 읽으면서 미션에 한발 더 다가가 보세요.

저희 중에요?
헬렌

스티브
저희가 위인이에요?

네. 이곳에 있는 친구들은 모두 커서 꿈을 이루고 뛰어난 업적을 세워
훌륭한 위인이 되지요.
마스터 송

알렉산더
우아….

믿을 수 없을 만큼 놀라운걸요? 스티브가 위인이라니?
헬렌

스티브
뭐라고?

장난이야, 장난~.
헬렌

이때 마스터 송이 영롱한 빛깔을 뿜어 내는 구슬을 꺼낸다.

스티브
오! 반짝이는 구슬?

이 구슬은 뭐예요?
알렉산더

헬렌
빛이 정말 예뻐요!

이 구슬은 위인의 미래를 보여 줄 마법 구슬입니다. 마법 구슬을 통해
친구들 중 한 명의 미래를 만나볼까요?
마스터 송

이야기를 읽으면서 미션에 한발 더 다가가 보세요.

 **네!**
모두

 모두 마법 구슬을 보세요. 구슬이 친구들 중 한 명을 가리킬 거예요.
마스터 송

 우아, 기대된다! 두구두구.
알렉산더

두구두구, 두구두구.
스티브

마법 구슬이 반짝이더니 스티브의 얼굴을 비춘다.

 바로 스티브 잡스입니다!
마스터 송

우아! 저요?
스티브

 이거 정말 궁금한데?
헬렌

마스터 송, 구슬로 스티브의 미래를 어떻게 볼 수 있어요?
알렉산더

 마법 구슬이 스티브를 이해하고, 창의성을 높이는 활동으로 안내할 거예요. 미션을 통해 스티브의 삶에 공감하고 자신을 탐구해 보세요.
마스터 송

네!
모두

 저는 미션을 해결하면 만날 수 있습니다. 궁금하거나 어려운 일이 있으면 마스터 송을 큰 소리로 부르세요.
마스터 송

이야기를 읽으면서 미션에 한발 더 다가가 보세요.

탐구 활동 스티브를 인터뷰해 보자

스티브를 인터뷰하고 있어요. 인터뷰를 읽고, 빈칸에 들어갈 대답을 이야기해 보세요.

안녕하세요, 스티브 선생님. 선생님께서는 20대에 컴퓨터 회사를 세우셨는데요. 어떤 상품을 만드는 회사였나요?

제가 처음 세운 '애플'이라는 회사에서는 개인용 컴퓨터를 만들어서 판매했습니다. 이후 회사에 다시 들어갔을 때는 컴퓨터뿐만 아니라, MP3 플레이어와 스마트폰도 만들었죠.

그렇군요. 선생님께서는 어떤 생각으로 컴퓨터나 스마트폰 같은 뛰어난 기술을 이용한 상품을 만드실 수 있었나요?

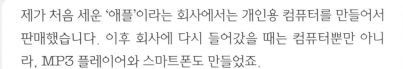

애플의 상품에는 선생님의 생각이 잘 드러나 있는 것 같습니다. 인터뷰 정말 감사드립니다. 마지막으로 선생님의 성공 비결은 무엇이었는지 한마디 해 주십시오.

제 성공 비결은 자만하지 않고, 늘 열정적으로 갈망한 것입니다. 제가 만든 컴퓨터를 통해 세상을 변화시키겠다는 마음으로 끊임 없이 노력했습니다. 저는 다른 사람들도 원하는 것을 이루고자 한다면, 열정적으로 노력하길 바랍니다. 감사합니다.

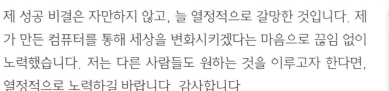

감성 활동 스티브에게 공감하며 위인 카드를 만들어 보자

《who? 인물 사이언스 스티브 잡스》에서 공감되는 문장을 찾아보고, 아래 빈칸
에 그 문장을 써서 위인 카드를 완성해 보세요.

위의 문장을 고른 이유는 무엇인지 써 보세요.

나의 창의성 미션 달성률(%) | 20% | 40% | 60% | 80% | 100%

스티브는 집집마다 컴퓨터가 있는 세상이 올 것이라고 생각해서, 컴퓨터 키트를 잘 만드는 워즈니악에게 같이 회사를 세우자고 했어요. 만약 스티브가 컴퓨터 회사를 만들지 않았다면 어땠을지 써 보세요.

인도 여행에서 돌아온 스티브는 자신이 원하는 일을 찾아 헤맸어요. 그리고 세계 최초로 소형 컴퓨터가 만들어진 것을 보고 머지않아 가정마다 소형 컴퓨터를 두는 세상이 올 것이라고 예상했어요. 그래서 워즈니악에게 이러한 컴퓨터를 만드는 회사를 세우자고 제안했지요. 다른 회사를 다니고 있어서 망설이던 워즈니악에게 스티브는 확신에 찬 말로 계속 설득해서 '애플'이라는 컴퓨터 회사를 만들었어요.

아래와 같은 상황에서 내가 스티브라면 어떻게 했을지 써 보세요.

스티브의 예상대로 애플은 편리함으로 큰 인기를 끌었고, 높은 판매 수익을 거두었어요. 스티브는 25살에 억만장자가 되었지요. 하지만 이후에 만든 상품이 어려운 프로그램과 높은 가격 탓에 잘 팔리지 않자, 스티브는 애플에서 쫓겨났어요. 자신이 차린 회사에서 쫓겨났음에도 불구하고 스티브는 컴퓨터 회사와 애니메이션 회사를 만들면서 다시 자리를 잡았지요. 그때 애플의 대표가 스티브를 찾아와 어려워진 애플을 맡아달라고 부탁했어요.

주도성 활동 나에게 중요한 것은 무엇인지 생각해 보자

스티브는 아이디어와 기획을 중요하게 생각했어요. 스티브처럼 내가 중요하게 생각하는 것은 무엇인지 빈칸에 써 보세요.

나에게 중요한 것	이유
예) 목걸이	예) 엄마가 나에게 처음으로 사 준 것이다.

나에게 중요한 것 중에서 우선순위를 정해서 아래에 써 보고, 그 이유를 이야기해 보세요.

나의 창의성 미션 달성률(%) | 20% | 40% | 60% | 80% | 100%

앞에서 알아본 나에게 중요한 것을 바탕으로 나를 소개하는 글을 써 보세요.

나의 모습

나의 프로필

이름 :

생일 :

직업 :

나의 명언 :

소개하는 글

미션 평가　미션을 잘 해결했는지 평가해 보자

스페셜 미션을 잘 해결했는지 스스로 평가해 보세요.

평가 문항	매우 아니다	아니다	그저 그렇다	그렇다	매우 그렇다
1. 스티브의 창의성에 관해 설명할 수 있나요?					
2. 나에게 중요한 것들을 말할 수 있나요?					
3. 나를 소개하는 글을 쓸 수 있나요?					
4. 스페셜 미션에 흥미를 가지고 참여했나요?					
5. 스페셜 미션에 최선을 다하여 참여했나요?					

미션 완성　미션을 확인해 보자

활동을 모두 해결하면 스페셜 미션 칸에 미션 완성 도장을 찍어요! 활동을 모두
해결하지 못했으면, 그 활동으로 돌아가서 다시 학습해요.

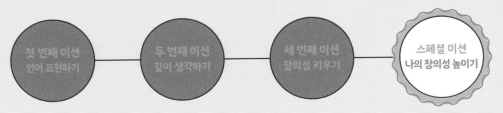

친구들은 위인을 탐구하고, 자신의 자생력을 생각해 보는 스페셜 미
션까지 IQ 월드의 모든 미션을 해결한다. 그러자 하늘에 있는 블랙홀
이 밝은 빛으로 친구들을 비추고, 친구들은 순식간에 위인 세계로 돌아
온다. 흥미로운 위인 세계에는 앞으로 또 어떤 일이 일어날까?

　나의 창의성 미션 달성!

미션 가이드

※ E-CLIP 미션의 문제에는 여러 가지 답이 나올 수 있습니다. 본 미션 가이드는 참고용으로 활용하시길 바랍니다.

※ 교사용 개념과 지도 가이드가 포함된 교사용 PDF는 다산전인교육캠퍼스 홈페이지(www.dasaneducation.co.kr)에서 교사 인증 후 신청하실 수 있습니다.

1차시

22쪽

- (예시) 축구, 반지, 태양
- (예시) 나를 설명하는 단어 : 안경, 모자, 춤, 노래
나를 설명하는 글 : 저는 안경과 모자를 즐겨 씁니다. 또 춤을 잘 추고, 노래를 부르는 것을 좋아합니다.

23쪽

- (길잡이) 나의 발표 태도를 떠올리면서 각 문항에 표시해 보세요.
- (예시) 부족한 점 : 나는 말하면서 자꾸 땅을 보고, 목소리도 점점 작아진다.
필요한 점 : 고개를 들고 친구들을 바라보면서 자신 있는 목소리로 발표해야 한다.

24쪽

- 알렉산더

25쪽

- (예시) 주장 : 반대한다. / 줄임 말 사용은 필요하지 않다.
근거 : ① 줄임 말은 아름다운 우리말을 파괴하는 행위다. / ② 줄임 말을 많이 사용하면, 부모님이나 선생님과 대화하기가 어렵다. / ③ 줄임 말을 잘못 알아들어서 사람들과 오해가 생길 수 있다.
- (길잡이) 다른 사람과 서로의 주장과 근거를 이야기해 보세요.

26쪽

- (예시) 저는 줄임 말을 사용하는 것에 반대합니다. 줄임 말은 세종 대왕님이 만드신 아름다운 한글을 파괴하는 행동입니다. 또한 부모님이나 선생님과 대화를 하거나, 메신저나 SNS 등을 할 때 오해가 생길 수 있습니다.
- (예시) 1. 네, 집중해서 들었어요. / 2. 네, 중간에 잘못 말했을 때도 당황하지 않고, 다시 말을 이어 나갔어요. / 3. 네, 시선을 똑바로 하고, 강조해야 할 부분에서는 목소리에 힘을 주면서 말했어요.

2차시

34쪽

- (예시) 생각 정리하기 1. 장애를 극복하기 위해 노력하는 헬렌을 본받고 싶다. 앤 선생님처럼 다른 사람을 도와주고 싶다. / 2. 스스로 노력하는 의지와 끈기가 중요하다.
앞으로 나아가기 : 1. 헬렌과 함께 수화를 하면서 다른 친구들과 함께 놀 수 있게 수화 동아리나 게임을 만들었을 것이다. / 2. 2단 줄넘기가 안 돼서 포기

했는데, 헬렌을 보니 처음부터 한 동작씩 연습해서 다시 도전하면 성공할 수 있을 것 같다.

35쪽
- (예시) 헬렌 켈러 그림 / 1. who? 세계 인물 헬렌 켈러 / 2. 시련과 역경을 이겨내고 장애를 극복한 헬렌 켈러의 노력 / 3. 포기하지 않고, 헬렌을 가르쳤던 앤 선생님의 헌신적인 노력과 사랑이 기억에 남는다. / 4. 공부할 때 조금만 어려워도 쉽게 포기하곤 했는데, 앞으로는 나도 잘할 수 있다는 마음으로 더 노력해야겠다.

36쪽
- (예시) 1. 우리나라의 봄, 여름, 가을, 겨울 4계절에 대해서 설명하고 있다. / 2. 지구는 약간 기울어져서 태양 주위를 돌기 때문에 햇빛을 받는 위치에 따라 계절이 나뉜다.

37쪽
- (예시) 친구에게 옷을 선물할 때 고려해야 할 점 : 키, 몸무게, 가격, 좋아하는 스타일 / 친구에게 선물할 옷 : 체리가 그려져 있는 통이 넓은 원피스
- (예시) 싸움의 원인이 무엇인지 파악하고, 누가 먼저 싸움을 시작했는지 알아본다.

38쪽
- 상품 이름, 사용 방법, 관리 방법, 주의사항
- (예시) 1. 내가 좋아하는 스마트폰의 상품 설명서를 읽어 보았다. 전문적인 단어가 많이 나와서 이해하기 조금 어려웠다. / 각 설명을 나타내는 그림이 부족하다. 모든 사람들이 쉽게 이해할 수 있게 자세한 그림과 쉬운 단어로 설명하면 좋겠다.

3차시

46쪽
- (예시)

- ④ 호랑이

35쪽
- (예시)

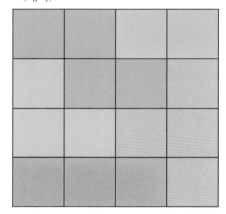

- (예시)

도형 모음

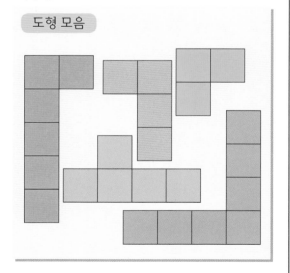

48쪽
- (예시) 슬기의 사탕 가게
상품 이름 : 꿈나라 사탕 / 상품 쓰임 : 사탕을 먹으면 사탕 맛에 따라 다양한 꿈을 꾼다. / 상품을 만든 이유 : 잠자리에 들 시간이 되면, 자기 싫고 더 놀고 싶기도 하고 무서운 꿈을 꾸기도 한다. 만약 꿈나라 사탕을 만든다면, 꿈에서도 재미있게 놀 수 있고 잠에서 깼을 때 기분도 좋을 것이다.

49쪽
- (예시) 이웃 - 웃음 - 음식 - 식사 - 사진
- (예시) 호랑이가 이웃에 살고 있었다. 호랑이는 웃음이 많았고, 음식을 만들어서 나눠 먹는 것을 좋아했다. 한 번은 호랑이에게 식사 초대를 받아서 호랑이의 집에 갔다가, 호랑이의 어렸을 적 사진을 봤는데 너무 귀여웠다.

50쪽
- (예시) 돋보기를 들고 날아다니는 원숭이 그림
이름 : 키키 / 나이 : 7세 / 키와 몸무게 : 100cm, 15kg / 특징 : 호기심이 많은 키키는 사람의 마음을 읽을 수 있는 돋보기를 들고 여기저기 돌아다닌다. 갑자기 본심을 말하는 순간이 온다면, 주변에 있는 키키가 마법을 부리는 것이다.

4차시
58쪽
- 애플의 핵심은 남들과 다르게 생각하는 창의력입니다. 남들과 다른 시선으로 상상하고 생각을 확장하면서 세상에 없던 새로운 상품을 만들 수 있었습니다.

59쪽
- (예시) 애플 컴퓨터의 핵심은 나의 상상력이야. 기술이 아니라고!
- (예시) 사람들이 애플 컴퓨터의 핵심이 기술이라고 생각할 때 스티브는 상상력이 더 중요하다고 생각했다는 점이 인상적이기 때문이다.

60쪽
- (예시) 스티브는 자신의 창의력을 이용해서 책이나 가방 등 다양한 상품으로 성공했을 것이다.
- (예시) 나라면 애플에서 쫓겨났던 기억 때문에 다시 돌아가지 않았을 것이다.

61쪽
- (예시) 나에게 중요한 것 : 스마트폰, 이유 : 가장 많이 사용하고, 항상 가지고 다니는 물건이다.
- (예시) 1위 스마트폰, 2위 시계, 3위 헤드폰

62쪽
- (예시) 나의 모습 : 시계를 차고, 헤드폰을 쓰고, 스마트폰을 들고 있는 '나'를 그린 그림
나의 프로필
이름 : 한아름 / 생일 : 3월 31일 / 직업 : 초등학생 / 나의 명언 : 나는 무엇이든지 할 수 있고, 내가 원하는 사람이 될 것이다.
소개하는 글 : 저는 다산초등학교에 다니는 한아름입니다. 저는 매일 시계를 차고, 헤드폰을 쓰고, 스마트폰을 들고 학교에 갑니다. 친구들과 시계를 이용해 대화하고 스마트폰으로 SNS에 사진 올리는 것을 좋아합니다. 그리고 헤드폰으로 최신곡을 찾아 듣습니다. 이렇게 새로운 기기를 잘 이용하는 것이 저의 가장 큰 특징이자 매력입니다.

세계 위인과 함께 해결하는 E-CLIP 미션 대탐험

학습 만화 《who?》의 세계 위인과 함께 미션을 해결하는
12권의 '감성적 창의 주도성' 향상 프로그램!

E-CLIP 구성

권	주제	각 권 대표 위인	이야기 속 위인
1	동기	알렉산더 플레밍	에이브러햄 링컨, 찰스 다윈, 레이첼 카슨
2	인지	레이첼 카슨	레오나르도 다빈치, 리처드 파인먼, 마리아 몬테소리
3	인지 심화	마리아 몬테소리	토머스 에디슨, 오리아나 팔라치, 루트비히 판 베토벤
4	동기 심화	루트비히 판 베토벤	마하트마 간디, 버지니아 울프, 정약용
5	몰입	정약용	하인리히 슐리만, 아멜리아 에어하트, 헬렌 켈러
6	자아존중감	헬렌 켈러	알베르트 슈바이처, 신사임당, 스티브 잡스
7	창의성	스티브 잡스	헬렌 켈러, 알렉산더 플레밍, 스티브 잡스
8	창의성 심화	알베르트 아인슈타인	스티브 잡스, 레이첼 카슨, 알베르트 아인슈타인
9	감성	마더 테레사	알베르트 아인슈타인, 루트비히 판 베토벤, 마더 테레사
10	감성 심화	월트 디즈니	마더 테레사, 정약용, 월트 디즈니
11	사회성	세종 대왕	월트 디즈니, 마리아 몬테소리, 세종 대왕
12	사회성 심화	마하트마 간디	세종 대왕, 마하트마 간디

* E-CLIP / 대상 초등학교 전 학년 / 책 크기 200 X 260 / 각 권 쪽수 70쪽 내외
* who? / 대상 초등학교 전 학년 / 책 크기 188 X 255 / 각 권 쪽수 180쪽 내외